Sous presse : 2e édition de LA POLKA EN PROVINCE.

THÉATRE DU PALAIS-ROYAL.

UNE HISTOIRE DE VOLEURS,

COMÉDIE-VAUDEVILLE EN UN ACTE,

PAR MM. SIRAUDIN ET FONTAINE,

Représentée pour la première fois, à Paris, sur le théâtre des Variétés,
le 28 août 1845.

Prix : 50 centimes.

PARIS,
BECK, ÉDITEUR,
RUE SAINT-HONORÉ, 12.
TRESSE, successeur de J.-N. Barba, Palais-Royal.

1845.

UNE HISTOIRE DE VOLEURS,

COMÉDIE-VAUDEVILLE EN UN ACTE,

PAR MM. SIRAUDIN ET FONTAINE,

Représentée pour la première fois, à Paris, sur le théâtre des Variétés,
le 28 août 1845.

PERSONNAGES.	ACTEURS.
L'INCONNU	M. ROMAND.
ARTHUR DE ROSELLE	M. DESSERT.
MADAME DE ROSELLE	Mme. THIBAULT.
EULALIE, sa nièce	Mme. PAUL-ERNEST.
JULIEN, domestique	M. KOPP.
NINETTE	Mlle. CHAVIGNE.

La scène se passe dans le château de Madame de Roselle, aux Pyrénées.

Un salon à pans coupés. — Porte au fond, portes latérales. — Une fenêtre à l'un des derniers plans. — Une table à ouvrage à gauche du spectateur.

SCÈNE PREMIÈRE.

L'INCONNU, seul.

(Au lever du rideau, il entre mystérieusement par le fond ; il est couvert d'un manteau et se dirige vers la table à ouvrage. La nuit commence). C'est ici. (Il ôte un livre de dessous son manteau, et le met sur la table, pendant qu'on agite une sonnette dans la coulisse de gauche). Du bruit...

JULIEN, hors de vue.

Voilà ! voilà !

L'INCONNU.

Eh ! vite ! (Il remonte la scène pour sortir par le fond ; en même temps la porte s'ouvre, et il se trouve face à face avec Julien, portant une bougie allumée de chaque main. Le bruit de sonnette continue. Jour complet).

SCÈNE II.

L'INCONNU, JULIEN.

JULIEN, entrant.

Voilà, mesdames... voi... (Apercevant l'inconnu). Ah ! quelqu'un !

L'INCONNU, courant à lui.

Chut !

JULIEN.

Au secours !

L'INCONNU.

Silence !

JULIEN.

Ah ! je suis mort !

L'INCONNU, lui présentant un pistolet.

Oui, mort, si tu dis un mot ! (Il s'éloigne en lui présentant toujours le canon du pistolet ; Julien reste immobile avec ses bougies à la main, et tremble de tous ses membres. Nouveaux coups de sonnette).

SCÈNE III.

JULIEN, NINETTE.

NINETTE, entrant par la porte de gauche.

Julien ! Julien !... ah ! le voici ! vous n'entendiez donc pas... depuis le temps que je sonne ? (Julien reste dans la même position). Eh bien ! mais qu'a-t-il donc ? est-ce que vous êtes sourd ?

JULIEN, d'une voix altérée.

Oui.

NINETTE.

Vous ne parlez plus ?

JULIEN, *de même.*

Non... si je dis un mot, je suis morts... c'est lui qui l'a dit.

NINETTE.

Qui ça, lui?

JULIEN.

Chut, Mamzelle Ninette; appelez-moi poltron, appelez-moi tout ce que vous voudrez, cette fois je l'ai vu... (*Avec horreur*). Berrrr.

NINETTE.

Je l'aurais parié!.. encore une vision.

JULIEN.

Une réalité, Mamzelle... une réalité de cinq pieds onze pouces... (*A part*). C'est étonnant comme il y a des brigands de cinq pieds onze pouces.

NINETTE, *lui enlevant les flambeaux des mains.*

Ah! mon pauvre garçon!.. vous êtes fou! Donnez-moi ces flambeaux?

JULIEN, *à part*

Elle rit!.. quelle lâcheté. (*Haut*). Mais, Mamzelle Ninette, ma position n'est pas folâtre du tout! Lorsqu'il y a un mois, madame de Verneuil, votre sœur de lait, (encore un drôle de caractère, celle-là,) me prit à son service pour l'accompagner dans son château des Pyrénées; moi je me dis: « Les Pyrénées, « ça doit être un pays de plaines, bien sûr... « Il n'y a rien à craindre... » Je viens, et qu'est-ce que je trouve? une plaine, c'est vrai, mais une plaine où il pousse des montagnes avec des bandits et des pistolets d'arçon.

NINETTE.

Vous ne savez ce que vous dites. Il n'y a de voleurs que dans votre imagination.

JULIEN.

Ah! Dieu! si on peut dire!.. Pourquoi alors que tout disparaît au château?.. Et hier encore, ce livre que vous avez oublié dans le parc, et qu'on n'a pu retrouver.

NINETTE.

Eh bien!

JULIEN.

Volé... mamzelle... volé!

NINETTE, *regardant sur la table.*

Volé!.. c'est-à-dire égaré... Je l'avais laissé sur cette table, et... Mais, le voilà!..

JULIEN.

Ah! bah! c'est prodigieux! Demain je demande mon compte à madame.

NINETTE.

Vous retourneriez à Paris?

JULIEN.

Par tout ce qu'il y a de plus Lafitte et Caillard... je jette entre nous les hautes et basses Pyrénées... et, à partir de tout-à-l'heure, je ferme la grille du château, et je n'ouvre à personne. (*Il sort*). Ah! mais non, par exemple! ah! mais non!

SCÈNE IV

NINETTE, EULALIE.

NINETTE, *seule.*

Ce garçon a la monomanie des voleurs; il croit en voir partout; absolument comme ma sœur de lait, dont le caractère exalté... romanesque... Mais, la voici... Toujours son air rêveur...

EULALIE, *entrant.*

Ah! c'est toi, Ninette?

NINETTE.

Mon Dieu, qu'avez-vous donc? On dirait, à vous voir...

EULALIE.

Je suis triste, je m'ennuie... J'aurais presque envie de quitter ce château.

NINETTE.

Eh! quoi! déjà partir! après un mois à peine.

EULALIE.

Je conçois... tu aimes ce pays, ces montagnes où tu es née.

NINETTE, *baissant la voix.*

Et où je fus si heureuse!

EULALIE.

Si heureuse!.. prends garde, Ninette, ceci est un reproche.

NINETTE.

Oh! non, madame!

EULALIE, *piquée.*

Madame!

NINETTE, *se reprenant.*

Ma sœur, ma bonne sœur... Je n'ai pas oublié tout ce que je vous dois... Devenue veuve, il y a un an, de M. de Verneuil, vous vous êtes souvenue de moi, pauvre orpheline, qui n'avais aucun titre à vos généreux bienfaits.

EULALIE.

Aucun titre, dis-tu? N'avons-nous pas été nourries du même lait? N'est-ce pas ta mère, ta bonne mère, qui, la première, nous a faites sœurs dans ses bras, sœurs par l'amitié? Aussi, plus tard, quand je me suis trouvée libre, indépendante, j'ai songé à toi, pour être ma compagne... Car, ma bonne tante est d'un âge à ne plus comprendre mes goûts... mes goûts bizarres, comme elle les appelle, et je ne compte pas M. Arthur de Roselle, mon cousin, (*souriant*) mon très respectable cousin... Je t'ai donc prise avec moi... En peu de temps, j'ai adouci tes manières, et j'ai presque fait de la petite paysanne une demoiselle du monde.

NINETTE, *tristement,*

Oui, vous m'avez fait heureuse pour le monde, et pourtant, l'avouerai-je, je cherche vainement à oublier le passé.

EULALIE.

Dis-moi tout, Ninette... Aurais-tu laissé au

village des regrets? (*avec intention*) des amis?

NINETTE, *baissant les yeux.*
Dam! quand je l'ai quitté, j'avais mes dix-huit ans... et à cet âge...

EULALIE.
Je crains de deviner...

NINETTE,

Air: Mon pays. (L. Puget.)

Hélas! j'ai tout quitté, la tombe de ma mère,
Et ses lieux que j'aimais et mon humble hameau,
Comme en un rêve d'or, oubliant ma chaumière
J'ai fui mon doux pays où le ciel est si beau!
De ces regrets, ma sœur,
N'accusez pas mon cœur!
A vous toute mon âme,
A vous ma bonne sœur.
Mais il faut que j'oublie
Mes tourments et mes premiers amours,
O ma sœur, mon amie,
Par pitié rendez-moi mes beaux jours;
Car jamais on n'oublie
Ses premières amours
Et ses premiers beaux jours!

EULALIE.
Ainsi, tu songes toujours à cette liaison d'enfance... à ce M. Claude dont tu m'as déjà parlé... le neveu du maître d'école.

NINETTE, *à part.*
Saurait-elle qu'il m'a écrit... (*Haut*). Si vous le connaissiez...

EULALIE.
C'est inutile, Ninette... il faut y renoncer.

NINETTE.
Y renoncer... c'est facile à dire.

EULALIE.
D'ailleurs, ne m'as-tu pas dit que depuis la mort de son oncle, Claude avait disparu.

NINETTE, *vivement.*
Mais s'il était devenu riche, si son oncle, en mourant, lui avait laissé une fortune... si, enfin il était de retour?...

EULALIE.
S'il était de retour, je te dirais encore: Il n'y faut plus songer... Toi, la femme d'un rustre, avec tes nouvelles manières!...

NINETTE.
Là, qu'est-ce que je disais... mes manières, mon éducation.

EULALIE.
N'en dis pas de mal... l'éducation mène à tout.

NINETTE.
Alors, qu'elle me mène à Claude.

EULALIE, *tristement.*
Hélas! tu n'es pas la seule à faire des concessions, des sacrifices à ce qu'on appelle les exigences du monde... Dans ce monde, crois-moi, il est plus d'une femme qui commande à son cœur, pour obéir à des lois sévères.

NINETTE.
Comme vous me dites cela! auriez-vous aussi votre Claude, ma sœur?

EULALIE.
Moi? quelle idée!.. mais laisse-moi... veux-tu?.. j'ai besoin d'être seule, de réfléchir à ce que tu m'as dit.

NINETTE.
Vous ne m'en voulez pas?

EULALIE.
T'en vouloir? (*Elle l'embrasse*). Va, mon enfant, va.

NINETTE, *s'en allant, à part.*
Décidément il y a quelque Claude sous roche. (*Elle sort*).

SCENE V.

EULALIE, *seule.*

J'ai failli me trahir... oui, j'ai vu le moment où j'allais rougir devant elle.

Air: Voltige, hirondelle.

...au secret de sa flamme
Il m'en parle, et moi
Je ne puis, pauvre femme,
Descendre dans mon âme
Sans effroi.
Et toi, qui dans ma vie
N'auras brillé qu'un jour,
Ma belle rêverie,
Adieu donc, je t'oublie
Sans retour.

Oublier... mais comment?.. Lisons... cela me distraira. (*Un billet s'échappe du livre*). Qu'est-ce ceci? un billet!.. c'est étrange!.. (*Lisant*), « Ce soir, à minuit, au pied de la terrasse, » Et pas de signature... Mon Dieu! seule à cette heure... j'ai peur... Cette fenêtre ouverte... courons... (*Elle va pour fermer la fenêtre, et s'arrête tout-à-coup*). Ah! mon Dieu! (*Redescendant la scène*) Il m'a semblé... là... derrière cette grille... malgré l'obscurité... c'est lui... lui, ici!.. que faire? que résoudre? (*Madame de Roselle paraît*). Ah! ma tante!

SCENE VI.

EULALIE, MADAME DE ROSELLE.

MADAME DE ROSELLE.
Eh! bien! Eulalie, qu'y a-t-il? qu'as-tu donc?

EULALIE, *troublée.*
Moi, ma tante... je...

MADAME DE ROSELLE.
Il me semblait avoir entendu un cri partir de cette chambre.

EULALIE.

Vous croyez ?

MADAME DE ROSELLE.

Et puis cette pâleur... cet air ému... on dirait que tu trembles.

EULALIE, *mystérieusement.*

Eh bien ! oui, ma tante... je tremble. .j'ai peur.

MADAME DE ROSELLE, *effrayée.*

Hein ?.. prends donc garde !.. ces choses là se gagnent... Et de qui as-tu peur, grand Dieu ?

EULALIE.

De moi-même.

MADAME DE ROSELLE.

Je le préfère pour ta sécurité... mais je ne saisis pas...

EULALIE.

Tenez, ma tante, je vais tout vous apprendre, à vous, dont les conseils, l'expérience...

MADAME DE ROSELLE.

Dis-moi tout de suite que je suis vieille.

EULALIE.

Mais avant, jurez-moi le plus grand secret. Jurez-moi que vous serez muette.

MADAME DE ROSELLE.

Autant que possible... Je te le jure...

EULALIE.

Eh bien ! ma tante, traitez-moi de bizarre, de romanesque.

MADAME DE ROSELLE.

Oh ! ça !..

EULALIE.

Je ne veux pas rester plus longtemps au château.

MADAME DE ROSELLE.

Comment ! à peine arrivée... Oh ! pour le coup, c'est une fièvre de locomotion-continue... Mais enfin, quel motif ?

EULALIE.

Une aventure que je vous avais cachée, ma tante. Il y a un an, en me rendant à Paris, ma voiture fut attaquée par des brigands...

MADAME DE ROSELLE, *effrayée.*

Grand Dieu !

EULALIE.

Les malfaiteurs forcèrent le postillon à descendre de son siège, ma femme de chambre, effrayée, se sauva.

MADAME DE ROSELLE.

Et toi ?

EULALIE.

Moi, je m'évanouis.

MADAME DE ROSELLE.

C'est encore du courage... moi, je serais morte.

EULALIE.

Quand je revins à moi, quand je rouvris les yeux, j'étais dans les bras d'un homme qui me soutenait pour me faire respirer des sels...

MADAME DE ROSELLE.

Ou du vinaigre des quatre...

EULALIE.

En ce moment la lune éclairait le visage de cet homme... je vis distinctement ses traits ; et malgré moi, je pris plaisir à les considérer.

MADAME DE ROSELLE.

Malheureuse ! il devait être affreux.

EULALIE.

Il était beau, ma tante !

MADAME DE ROSELLE.

En vérité ! et la police souffre ces choses-là.

EULALIE.

Ce silence, ce calme qui nous environnaient, tout, jusqu'à l'aspect du site où nous étions, donnait à sa physionomie je ne sais quel caractère étrange de beauté... j'étais immobile à côté de cet homme, ne cherchant ni à fuir ni à le repousser... quand tout-à-coup *(mouvement de madame de Roselle)* il disparut sans m'adresser un seul mot.

MADAME DE ROSELLE.

Tu étais dévalisée !...

EULALIE.

Jugez au contraire de mon étonnement quand mon cocher et ma femme de chambre revinrent près de moi et m'apprirent que ma voiture était restée intacte... mes malles, mes bijoux, mon argent même, mon brigand avait tout épargné... Il ne m'avait pris qu'une petite croix d'or que je portais au cou et qui me venait de ma sœur de lait.

MADAME DE ROSELLE.

Où peut conduire la manie des croix !

EULALIE.

Une fois à Paris, je fis mon possible pour oublier cette aventure... je recherchais le monde, les réunions, le spectacle... mais un soir...

MADAME DE ROSELLE.

Eh bien ?

EULALIE.

Un soir que j'assistais avec mon cousin à la représentation d'un opéra-comique... c'était Fra-Diavolo... le souvenir de mon brigand me revint à l'esprit... pour m'y soustraire je promenais machinalement mes regards autour de la salle... et, en face de moi, je vis... ou plutôt je reconnus...

MADAME DE ROSELLE.

Ah ! mon dieu ! la peur me reprend...

EULALIE.

C'était lui... sa mise recherchée, trahissait sous son élégance...

MADAME DE ROSELLE.

La nature de ses occupations...

EULALIE.

Mais aussi, c'était toujours ce même regard noble, cette figure pâle, mélancolique ; mes yeux, sans le vouloir, cherchèrent à rencontrer les siens...

MADAME DE ROSELLE.

Bien souvent ?...

EULALIE.

Toute la soirée... et ce fut là mon tort, car

encouragé sans doute par ma faiblesse, à l'issue du spectacle, il poussa l'audace jusqu'à me glisser un billet dans la main.

MADAME DE ROSELLE.

Un billet!...

EULALIE.

Au grand mécontentement de mon cousin qui s'était aperçu de tout... et qui parlait déjà d'explications, de duel.

MADAME DE ROSELLE.

J'espère bien que tu le déchiras sous ses yeux?

EULALIE.

Je fis mon devoir... car je devais le fuir, le fuir à jamais... ignorer son nom... voilà, ma tante, voilà pourquoi, il y a un mois je me suis réfugiée dans ce château; pourquoi aujourd'hui je veux m'en éloigner, partir en toute hâte, car il faut que vous le sachiez, cet homme dont le souvenir m'obsède, ce bandit mystérieux qui me poursuit partout et sans cesse...

MADAME DE ROSELLE.

Eh bien?

EULALIE.

Il est ici!

MADAME DE ROSELLE.

Ici!!!

EULALIE.

Il m'a écrit, je l'ai vu... et quand vous êtes entrée... là, derrière cette grille...

MADAME DE ROSELLE.

Miséricorde!... et tu me dis cela de sang-froid? et tu ne trembles pour nous tous... pour les jours de ta tante!... pour la fortune de ta tante!.. (elle remonte la scène) oh! il faut à l'instant...

EULALIE.

Où allez-vous?

MADAME DE ROSELLE.

Appeler du renfort... la gendarmerie, les gardes champêtres!.. je pousserais même le désespoir jusqu'à la garde nationale.

EULALIE.

N'en faites rien, je vous en supplie... je l'exige... car songez-y ma tante, trahir, livrer cet homme qui ne nous a rien fait après tout... ce serait me désespérer.

MADAME DE ROSELLE.

De la pitié pour un Cartouche!

EULALIE, avec dignité.

De la pitié! oh! non... et quand je m'interroge, quand je descends dans mon cœur, quand je songe à cette existence peut-être malheureuse... alors oui... c'est affreux à vous dire.

MADAME DE ROSELLE, à part.

Où veut-elle en venir?

EULALIE.

Air : d'Istou.

Mais dans mon cœur une autre voix pénètre,
En le voyant proscrit et malheureux!
Je songe alors, qu'il a souffert peut-être!
Et son malheur le grandit à mes yeux.
Il en est temps dissipons ce doux rêve;
Libre par moi, je l'oublie aujourd'hui,
N'exigez pas que le roman s'achève;
Et sauvez-le pour me sauver de lui.

MADAME DE ROSELLE.

Bonté divine, voilà le dénouement, une Roselle éprise d'un bandit!..

EULALIE.

Oh! ma tante, ma bonne tante... vous avez mon secret... mais j'ai votre parole... ne me trahissez pas. (Lui donnant la main).

MADAME DE ROSELLE.

Sois tranquille!.. Ah! si Arthur, si ton cousin savait cela!

EULALIE.

Eh bien?

MADAME DE ROSELLE.

Il t'aime, ce garçon, et sans les courses de chevaux, tu serais sa seule passion. (On entend rire Arthur dans la coulisse). Mais, c'est lui qui rentre au château... l'entends-tu? Il rit, le malheureux!

(Arthur paraît au fond).

EULALIE.

Silence! le voici!..

<hr>

SCÈNE VII.

LES MÊMES, ARTHUR, en costume de chasse ridicule.

ARTHUR, à la cantonade.

Ah! ah! ah! le pauvre garçon!... j'en rirai six semaines... Ah! ah! ah!

MADAME DE ROSELLE.

Qu'y a-t-il donc?

ARTHUR.

Figurez-vous, chère tante... (Apercevant Eulalie). Oh! ma belle cousine! Pardon d'oser ainsi paraître devant vous en simple tenue d'Hippolyte au retour de la chasse!

EULALIE.

Et qu'avait donc Hippolyte à rire de la sorte?

ARTHUR.

Une vétille, une drôlerie... Figurez-vous, mesdames, que ce poltron de Julien refusait de nous ouvrir la grille à lord Byron et à moi, (lord Byron, mon cheval anglais, mon pur sang), sous le stupide prétexte que nous étions... devinez?.. des voleurs!

MADAME DE ROSELLE.

L'imbécille!

ARTHUR.

Oui, qui ça, lord Byron?.. Notez que le ciel tournait à l'orage et que la pluie commençait à tomber.

MADAME DE ROSELLE.

Il fallait crier, vous emporter.

ARTHUR.

C'est ce qu'a fait lord Byron.. Il s'est emporté peut-être un peu trop loin, s'il faut en juger par une ruade qui m'a fait perdre tout ce que j'avais d'équilibre.

MADAME DE ROSELLE.

Vous avez fait une chute?

ARTHUR.

Une chute sur celle des reins... Et c'est fort heureux, car, en tombant, j'ai rencontré le cordon de la cloche... Un second domestique est accouru au bruit de mon tocsin, et, pendant que Julien se sauvait à l'office, lord Byron et moi faisions notre entrée au château,.. lui, sans moi, et moi, mouillé comme un Triton... C'est fort divertissant... c'est énormément drôle.

EULALIE.

Vous riez de cela, mon cousin?

ARTHUR.

Sans doute... Pour nous autres gentlemen, une fuite d'argent... mais ce sont presque nos chevrons de services... C'est au point qu'une fois, à Chantilly, lord Byron, mon pur sang, lord Byron et moi nous nous séparâmes... de corps... et j'allai m'abattre à dix pas en avant (c'était mon chemin) les deux genoux sur le turf.

MADAME DE LOSELLE.

Je gage qu'on vous porta en triomphe.

ARTHUR.

Mieux que cela... je les couronné... au genou gauche.

Air : *C'est moi, qu'on appelle Lenoir.* (Moupou.)

> Et voilà comme j'ai compris,
> Sur mon cousin de noble race
> L'avantage d'être compris
> Parmi les heureux favoris
> Des gentlemen du Steeple-chase.
> Grâce à mon cheval on m'admire lorsque je passe,
> Chacun me fait place...
> Et j'ai pour amis
> Tous les Palfreniers de Paris.

(L'orage continue. On voit de temps en temps quelques éclairs qui deviennent plus fréquents pendant les scènes suivantes.)

MADAME DE ROSELLE.

Mais, avec tout cela, nous ne songeons pas au dîner... Il est bientôt huit heures.

ARTHUR.

Le dîner!.. si, ma foi. La chasse et lord Byron m'ont donné un appétit... diplomatique... Je vole pour le dîner.

MADAME DE ROSELLE, *à Arthur.*

Comment! dans ce négligé?

ARTHUR.

Oh! c'est trop juste... Je cours m'adoniser.

EULALIE, *le retenant.*

C'est inutile, mon cousin... Vous êtes bien ainsi, restez.

ARTHUR, *à part.*

Est-elle bonne!.. Restez... au risque d'attraper une fluxion de poitrine. (*A Eulalie*). Êtes-vous donc bonne, ma cousine!...

EULALIE.

De son côté, ma tante va donner des ordres pour qu'on nous serve ici... Le temps est à l'orage, le vent siffle à faire trembler, dans la salle à manger... et il est plus prudent...

ARTHUR.

De la frayeur... charmant!.. Est-ce que par hasard vous craindriez les voleurs?

MADAME DE ROSELLE, *gravement et à Arthur.*

Peut-être.

ARTHUR.

Bon! ce serait piquant!

MADAME DE ROSELLE, *bas à Arthur.*

Plus bas, Arthur... cela va mal!..

ARTHUR.

Hein!

MADAME DE ROSELLE.

Cela va très mal... on ne vous aime pas!..

ARTHUR.

On ne... allons donc, vous m'étonnez, ma tante.

EULALIE, *se rapprochant.*

Qu'y a-t-il?

ARTHUR.

Rien... ma tante m'étonne... et cela me surprend.

Air : *valse de Giselle.*

ENSEMBLE.

EULALIE.

> Il faut, hélas! qu'une horrible contrainte
> Cache à ses yeux l'effroi qui me poursuit;
> Il faut ainsi lui dérober ô crainte
> Qui vient sans cesse assiéger mon esprit.

ARTHUR.

> Allez, ma tante, et n'ayez nulle crainte,
> Un doux espoir me console et me dit :
> Qu'à vos côtés je pourrais, sans contrainte
> Songer du front l'honneur et l'appétit.

MADAME DE ROSELLE.

> Il faut, hélas! qu'une horrible contrainte
> Cache à ses yeux l'effroi qui le poursuit,
> Il faut ainsi lui dérober la crainte
> Qui vient sans cesse assiéger son esprit.

(Madame de Roselle sort en faisant des signes à Arthur.)

SCÈNE VIII.

EULALIE, ARTHUR.

EULALIE, *qui a regardé sa tante.*

Des signes!.. (*à lui.*) Que signifie?..

ARTHUR.

Des invraisemblances que je ne saisis pas! mais revenons à nos moutons... c'est à dire à nos voleurs...

EULALIE, *à part.*

Ciel!

ARTHUR.
Ne vous semble-t-il pas qu'il y aurait cer-
tain arrangement à l'aide duquel vous n'auriez
plus à les craindre.

EULALIE.
Un mari, peut-être?..

ARTHUR.
Juste! (*A part.*) Elle m'a deviné.

EULALIE.
Mais où en trouver un?

ARTHUR.
Où en trouver?.. où en trouver, dites-
vous? ma cousine, regardez-moi...

EULALIE.
Vous?.. (*Se détournant en riant.*) Oh! c'est
inutile.

ARTHUR.
Sans flatterie, ma cousine, j'ai quelque mé-
rite... que diable!.. j'en ai quelque... je monte
à cheval assez bien.

EULALIE.
Et vous en descendez...

ARTHUR.
Assez vite... mais n'importe; ajoutez à cela
une physionomie qu'on trouve chiffonnée... je
suis assez chiffonné... une fortune énorme et
un âge...

EULALIE.
Analogue...

ARTHUR.
Vingt-cinq ans, ma cousine.

EULALIE, *riant.*
C'est à dire cinquante

ARTHUR.
Je n'en aurai que vingt-cinq, si vous dai-
gnez partager ce que j'ai.

EULALIE.
Ainsi, c'est donc pour vous...

ARTHUR.
Pour moi qui vous ai devinée, qui ai lu
dans vos yeux...

EULALIE.
Comment, Monsieur...

ARTHUR.
Oui, cousine!

Air : *Je loge au quatrième étage.*

Pour vous, je renonce sans peine
A mon célibat bien heureux;
De l'hymen je porte la chaîne,
Et je me brûle au plus doux feux,
Oui, je me brûle aux plus doux feux.

EULALIE.
Vous, brûler?...

ARTHUR.
Moi je vous le jure;
Je m'enflamme au feu de vos yeux.

EULALIE, *à part.*
Au fait, le vieux bois, à l'usage,
Est celui qui brûle le mieux...
Oui, le vieux bois, chacun l'assure,
Est celui qui brûle le mieux.

Mais, en vérité, mon cousin, vous avez donc
oublié nos conventions!

ARTHUR.
Ah! oui, je me rappelle... une de vos idées
bizarres, cette petite croix d'or que vous por-
tiez au cou, et sans laquelle vous refusez de
vous marier, prétendant que cela vous porte-
rait malheur.

EULALIE.
Que voulez-vous?.. je suis superstitieuse...
trouvez-moi cette croix, et nous verrons en-
suite.

ARTHUR.
Mais où diable la trouver?.. pour le coup,
ma cousine, vous me laisseriez supposer...

EULALIE.
A votre aise.

ARTHUR.
Que vous n'avez pas oublié cet inconnu au
billet de l'Opéra-Comique!

EULALIE, *à part.*
Que dit-il?

ARTHUR.
Si je le croyais... si je trouvais ce rustre...
je serais capable...

EULALIE.
Un duel!..

ARTHUR.
Non... j'ai pour cela des empêchements de
famille.

EULALIE.
Ah!..

ARTHUR.
Un oncle conseiller à la cour de cassation...
si j'étais tué en duel, il pourrait me déshé-
riter.

SCENE IX.

LES MÊMES, MADAME DE ROSELLE *suivie de JULIEN et d'un autre valet.*

MADAME DE ROSELLE.
Voici le dîner.

ARTHUR.
Vivat!

(*Julien et le valet apportent par le fond
une table servie, le valet sort aussitôt.*)

MADAME DE ROSELLE.
Eulalie avait raison... un orage affreux se
prépare.
(*Coups de tonnerre.*)
EULALIE, *courant à Arthur.*
Grand Dieu! mon cousin, ne me quittez
pas.
ARTHUR, *à madame de Roselle.*
Vous voyez, ma tante, on se rapproche de
moi... l'orage fait miracle.

(*Nouveau coup de tonnerre.*)

EULALIE, *effrayée.*
Oh! taisez-vous, mon cousin.

MADAME DE ROSELLE.

Nous n'avons rien à craindre... le château est assuré.

ARTHUR.

Et nous aurons un paratonnerre la semaine prochaine!

MADAME DE ROSELLE.

A table!

ARTHUR.

A table! (*Faisant asseoir Eulalie.*) Ma cousine... (*S'asseyant lui-même et regardant Julien qui s'approche pour le servir.*) Ah! ah! monsieur Julien! le César des valets!

JULIEN.

Oui, Monsieur... oui... je suis un peu César... mais vous m'avez fait une si fière peur!

ARTHUR.

Après cela, madame, il a peut-être raison... Le journal du département parle d'une bande organisée qui parcourt nos montagnes. (*Mouvement d'Eulalie.*)

MADAME DE ROSELLE, *bas à Eulalie.*

Il est avec sa bande, ma chère...

EULALIE.

De grâce, mon cousin, parlez-nous d'autre chose.

ARTHUR, *riant.*

Mais non... c'est fort piquant... un vieux castel du temps de Charlemagne... une horde de brigands qui nous entoure... le tonnerre qui gronde, l'éclair qui brille, puis nous sommes aujourd'hui un vendredi et un treize... et j'ai remarqué que ma tante mettait son couteau en croix tandis que ma cousine renversait la salière.

MADAME DE ROSELLE.

Finissez, Arthur, finissez!...

ARTHUR.

Il ne nous manque plus que l'apparition obligée... le convive qu'on n'attend pas.

(*L'orage est très violent.*)

Air de Zampa.

L'éclair, sur notre tête,
Les horizons en feux!
La voix de la tempête
Qui se plaint dans les cieux!
Soudain paraît nouveau convive;
Ainsi qu'au vieux temps
Des revenants;
C'est un bandit qui nous arrive
Un Zampa nouveau
Un Diavolo!

(*Grand coup de tonnerre. La fenêtre s'ouvre violemment et l'inconnu saute dans la chambre. Mouvement général. La musique continue jusqu'à la reprise suivante.*)

SCENE X.

LES MÊMES, L'INCONNU.

TOUS.

Ciel!

L'INCONNU, *à part.*

Oh! sapristi! du monde!

EULALIE, *à mi-voix.*

C'est lui!

MADAME DE ROSELLE.

Ton voleur! ah! grand Dieu! (*Eulalie la retient.*)

REPRISE DE L'ENSEMBLE.

EULALIE ET MADAME DE ROSELLE.

Eh! quoi, c'est lui qui nous arrive!
Ainsi qu'aux vieux temps
Des revenants.
Faut-il, hélas! qu'il la poursuive,
Vrai Diavolo,
Dans ce château!

L'INCONNU.

Moi, j'entre ici, nouveau convive,
Ainsi qu'aux vieux temps
Des revenants;
Comme un bandit qui leur arrive,
Un Zampa nouveau,
Un Diavolo.

MADAME DE ROSELLE, *allant à Arthur.*

Protégez-nous, Arthur! (*L'inconnu se place devant elle et la salue très respectueusement.*) Il me salue! (*L'inconnu s'approche également d'Eulalie qu'il salue de même.*) Elle aussi... plus de doute, c'est un voleur, au bonjour...

ARTHUR, *prenant son parti.*

Ah! morbleu, du courage... (*Se plaçant devant l'inconnu.*) Me direz-vous, Monsieur... (*L'inconnu le salue aussi. — Arthur s'arrête, hésite, et finit par lui rendre son salut.*) Permettez cependant, cette façon de se faire annoncer...

L'INCONNU.

Faites pas attention... (*Il secoue, dans les jambes d'Arthur, son chapeau trempé par la pluie.*)

ARTHUR, *reculant.*

Faites donc attention vous-même... Est-il mal élevé.

L'INCONNU, *d'un air menaçant.*

Hein?... de quoi?

EULALIE.

Au nom du ciel!...

MADAME DE ROSELLE.

Ne l'irritez pas, mon neveu!...

ARTHUR.

En ce cas, que Monsieur s'explique; qu'il nous dise comment il se fait qu'à une pareille heure, et par cette fenêtre,...

L'INCONNU.

C'est juste... du moment qu'on y tient...

EULALIE, *à sa tante.*

Dieux!... s'il allait parler?

L'INCONNU.

Je vais vous dire tout uniment la chose...

ARTHUR, *surpris.*

Je vais!...

L'INCONNU, *à Arthur.*

Mais pas à vous, le vieux... c'est devant la bourgeoise seule.

ARTHUR ET MADAME DE ROSELLE.

La bourgeoise...

EULALIE, *à part.*

Ce langage... est-ce bien possible!..

L'INCONNU, *à Arthur.*

Or, je ne présuppose pas que vous la soyez, la bourgeoise...

MADAME DE ROSELLE.

Encore!

L'INCONNU, *à Arthur.*

Attendu qu'elle est jeune, vous, pas... jolie...

ARTHUR.

Monsieur...

L'INCONNU.

Vous pas... bonne, spirituelle... et vous...

ARTHUR, *vivement.*

Il suffit, Monsieur... vous ignorez devant qui vous parlez...

L'INCONNU.

Moi?... je m'en fiche pas mal...

MADAME DE ROSELLE.

Il jure!..

L'INCONNU.

Oh! pardon, Mesdames, je reprends le mot... je ne m'en fiche pas...

ARTHUR, *l'emportant.*

Mais, sacrebleu! Monsieur, savez-vous bien que j'aurais déjà dû vous faire sortir par où vous êtes entré!

L'INCONNU.

Vous?..

ARTHUR.

Moi... si je le voulais...

EULALIE, *s'interposant.*

Je vous en supplie, Arthur...

ARTHUR, *reculant devant l'inconnu qui le regarde fixement.*

Oui, si je le voulais... mais je ne le veux pas...

EULALIE.

Mais, en vérité, mon cousin, vous ignorez que je connais monsieur...

ARTHUR.

Comment!...

MADAME DE ROSELLE, *bas.*

Que fais-tu?...

L'INCONNU.

Y a pas de doute: madame me connaît et je connais madame... (*Bas à Eulalie.*) A la bonne heure, vous avez de ça, vous... aussi il faut que je vous parle...

EULALIE.

Monsieur...

L'INCONNU.

Il le faut absolument...

EULALIE.

Jamais!...

MADAME DE ROSELLE.

Miséricorde!... il lui parle à voix basse!...

ARTHUR, *s'approchant d'Eulalie.*

Je comprends tout, ma cousine... et c'était pour un rustre...

EULALIE.

Mon cher cousin, vous ne comprenez rien.

ARTHUR.

Pourtant!...

MADAME DE ROSELLE, *le prenant par le bras.*

Vous ne comprendrez jamais rien...

EULALIE, *à l'inconnu.*

Quant à vous, monsieur, je vous prie d'oublier l'accueil un peu irréfléchi, un peu brusque peut-être de mon cousin...

ARTHUR.

Irréfléchi... quand on arrive chez vous par la fenêtre...

EULALIE.

Oubliez-vous que Julien avait fermé les portes...

ARTHUR, *à part.*

Au fait! c'est assez juste...

EULALIE, *à l'inconnu.*

Nous nous reprocherions, monsieur, de vous laisser exposé à la pluie à une pareille heure, et ma tante, que voici, sera trop heureuse de pouvoir vous offrir...

MADAME DE ROSELLE.

Un parapluie... de grand cœur...

EULALIE.

De vous offrir, pour la nuit, l'hospitalité au château...

MADAME DE ROSELLE.

Qu'entends-je?... permettez...

L'INCONNU, *l'arrêtant.*

N'insistez pas..., j'accepte... (*A part.*) Je suis dans la place, c'est ce que je voulais...

MADAME DE ROSELLE, *à Eulalie.*

Malheureuse! tu veux donc nous perdre?..

EULALIE, *allant prendre la sonnette qui est sur la table.*

Non, je veux le sauver... (*Elle sonne.*)

ARTHUR, *qui depuis un moment considère l'inconnu.*

C'est singulier... il me semble avoir vu cette tête sur les épaules de quelqu'un.

EULALIE, *à l'inconnu.*

Vous avez sans doute besoin de prendre quelque chose.

L'INCONNU.

Ma foi, oui... ma foi, oui... j'ai assez besoin de prendre...

MADAME DE ROSELLE.

Il l'avoue!...

EULALIE, *à Julien qui vient d'entrer.*

Vous servirez monsieur dans cette chambre...

JULIEN.

Monsieur... (*le reconnaissant.*) Ah!

L'INCONNU, *lui montrant son pistolet.*

Obéis, et motus.

MADAME DE ROSELLE.

Et voilà ton héros de roman!

EULALIE.

O ma tante, je suis bien guérie... venez-vous, mon cousin?

ARTHUR, *toujours occupé à considérer l'inconnu.*
Décidément j'aurai vu cette tête sur les épaules de quelqu'un...

ENSEMBLE.

Air: du duc d'Olonne.

LES DAMES.
Ah! je sens en moi
Un cruel effroi,
Et d'un trouble imprévu
Tout mon être est ému.
Celui dont l'amour
M'obsède |
L'obsède | en ce jour,
N'a laissé dans mon/son | cœur
Que la frayeur.

ARTHUR.
Il n'est pas, je crois,
Etranger pour moi,
Mais où donc ai-je vu
Ce bizarre inconnu.
Dieu! s'il venait pour
Venger mon amour,
Ce serait peu flatteur
Sur mon bonheur.

L'INCONNU.
Allons, je le vois,
En ce lieux je dois
Demeurer inconnu.
Ou sinon j'suis perdu.
Celle dont l'amour,
M'appelle en ce jour,
Va me rendre au bonheur
Espoir flatteur!

JULIEN.
Ah! dans mon effroi,
Je n'ose, ma foi,
Regarder l'inconnu
Et je me crois perdu,
Allons jusqu'au jour
Veiller dans la cour
Pour chasser de mon cœur
Cette frayeur.

(Madame de Roselle et Eulalie sortent par la petite porte de droite. Arthur par la gauche, au moment où Julien se dispose à suivre les autres: L'inconnu va le saisir par l'oreille et le reconduit en scène.)

SCÈNE XI.

L'INCONNU, JULIEN.

L'INCONNU.
Hé bien! c'est comme ça que nous servons les amis...

JULIEN.
Grâce, monsieur... je vous jure que je serai muet...

L'INCONNU.
Du tout, tu vas parler... à présent que nous sommes seuls, il ne s'agit plus de souper...

JULIEN.
C'est fini... je suis massacré!...

L'INCONNU.
Et d'abord, as-tu une montre?...

JULIEN.
Ah! Dieu!... nous y voilà!... *(il cherche à cacher le ruban de sa montre.)*

L'INCONNU.
Eh bien?... ah! la voici... *(Lui arrachant la montre.)* Merci!... *(Il regarde l'heure.)*

JULIEN, *à part.*
Volé!.. et il me dit merci!..

L'INCONNU, *à part.*
Onze heures... ce n'est que pour minuit que j'ai donné rendez-vous à Ninette, pour minuit... *(Il met la montre sur la table).* Maintenant, réponds-moi... Où conduit cette porte?

JULIEN.
Elle conduit chez monsieur Arthur...

L'INCONNU.
Et celle-ci?..

JULIEN.
A l'appartement de ces dames... Mais vous ne voudriez pas...

L'INCONNU.
Suffit... et maintenant... tu vas filer, et plus vite que ça...

JULIEN.
Parole d'honneur... Vous n'avez plus besoin..

L'INCONNU.
J'ai besoin de voir les talons... mais si tu dis un mot avant demain matin...

JULIEN.
Un mot!.. pas même deux... *(A part).* Je cours prévenir monsieur... *(Il sort).*

L'INCONNU, *seul.*
A présent, du toupet... il faut que je lui parle... à cette grande dame... Ninette est prévenue ainsi... On vient... ce n'est pas elle!

SCÈNE XII.

L'INCONNU, ARTHUR.

ARTHUR, *entrant, à part.*
Je me suis rappelé... à l'Opéra-Comique... pendant qu'il se penchait sur moi... pour glisser un billet à ma cousine...

L'INCONNU.
Que me veut ce vieux racorni?

ARTHUR.
C'était sur mes épaules que j'avais vu cette tête-là... *(Haut).* Monsieur...

L'INCONNU.
Monsieur...

ARTHUR.
Etes-vous brave, Monsieur? Répondez... oui ou non

L'INCONNU.
Si je vous répondais non,

ARTHUR.
Il ne l'est pas!.. Ah! vous n'êtes pas brave,

et vous venez ici pour séduire une femme...

L'INCONNU.

Pardon, Monsieur...

ARTHUR, *à part.*

Pardon !.. il fait le plongeon. (*Haut*). Ah ? vous êtes un lâche... et vous avez osé, à mon nez, à ma barbe... Nous allons nous battre, Monsieur.

L'INCONNU.

Nous battre !

ARTHUR.

A toutes sortes d'armes, Monsieur... Vous n'en savez aucune?

L'INCONNU.

Aucune...

ARTHUR.

Je vous laisse le choix. (*A part*). Ah ! mon gaillard, tu es lâche, et tu en conviens... imprudent !

L'INCONNU.

A la fin des fins, qu'est-ce que vous me voulez ?

ARTHUR.

Peu de chose... Je veux vous tuer.

L'INCONNU.

Me tuer?..

ARTHUR.

Tout simplement... pour vous faire renoncer à la femme que j'aime...

L'INCONNU, *surpris.*

Hein ! vous l'aimez aussi ?

ARTHUR.

Vous comprenez enfin.

L'INCONNU, *à part.*

Il aime Ninette !.. (*Haut*). Vous l'aimez ?

ARTHUR, *même ton.*

Eh bien, Monsieur, eh bien ? (*A part*). Il ne se battra pas, sacrebleu !.. il ne se battra pas !

L'INCONNU, *froidement.*

A merveille ! Je comprends à cette heure. (*Il cherche dans sa poche de côté*).

ARTHUR, *à part.*

Il cherche son portefeuille... Il va me signer des excuses.

L'INCONNU, *lui donnant un de ses pistolets.*

Prenez ce pistolet, Monsieur.

ARTHUR, *reculant.*

Diable !.. n'approchez pas !

L'INCONNU.

Eh bien !..

ARTHUR.

N'approchez pas, sapristi ! ou je hurle à réveiller tout le département.

L'INCONNU.

Qu'est-ce qui vous prend donc ?

ARTHUR.

Il me prend, il me prend... Vous me proposez de me battre, je crois...

L'INCONNU.

Mais dame... c'est vous qui tout-à-l'heure...

ARTHUR.

Tout-à-l'heure, c'est possible... vous aviez ma confiance... Vous me dites : Je suis un poltron, je suis un lâche... Moi, je crois cela... je me risque... et il se trouve que... Ah ! fi !.. je méprise vos procédés.

L'INCONNU.

Ah ! ça, homme d'âge, vous vous figurez peut-être que ça va se passer comme ça... du tout, du tout ; il me faut votre peau.

ARTHUR.

Ma peau ?..

L'INCONNU.

C'est mon idée, à moi... j'aime les parchemins.

ARTHUR, *reculant vers la porte.*

Arrière, Monsieur, arrière !.. (*Julien paraît tout tremblant à la porte, il le saisit et s'en fait un bouclier*). Julien !.. n'approchez pas, sacrebleu, où je vous jette cet objet à la tête...

JULIEN, *bas à Arthur.*

Il va nous tuer, Monsieur... C'est un voleur.

ARTHUR, *tremblant de tous ses membres.*

Hein ?

JULIEN, *bas.*

C'est un brigand déguisé en bourgeois.

ARTHUR.

Ah ! grand Dieu !

L'INCONNU, *à Arthur.*

Je vous attends, Monsieur.

ARTHUR.

Laissez-moi. (*A part*). Il y a du sang dans son regard. Et moi qui causais... là..., amicalement avec lui.

JULIEN, *bas.*

Si nous le faisions empoigner.

ARTHUR.

Oh ! quelle idée !.. (*Haut*). Monsieur, vous m'avez offert un cartel... Quoique neveu de la cour de cassation, je l'accepte.

L'INCONNU.

Ah ! en ce cas... (*Il se remet en position*).

ARTHUR.

Mais vos pistolets ne me paraissent point convenables, je cours chercher d'autres armes.

JULIEN.

Comment?

ARTHUR, *à Julien.*

C'est fort adroit... je vais chercher quatre hommes.

JULIEN.

Et quatre caporaux.

L'INCONNU.

Allez vieillard, allez. (*A part*). J'aurai le temps de voir l'autre; après quoi...

ARTHUR.

Toi, Julien, en m'attendant, reste auprès de Monsieur.

JULIEN, *effrayé.*
Moi, rester avec... ah! ben! oui!

ARTHUR.
Et s'il fait mine de vouloir s'échapper... tu crieras au secours.

JULIEN.
Mais s'il me tue, monsieur?

ARTHUR.
Tu crieras toujours.

JULIEN.
Jamais! Je ne vous quitte pas. (*Il se cramponne à l'habit d'Arthur*).

ENSEMBLE.

Air *des bohémiens de Paris.*

Sans adieux, sans adieux!
Ah! craignez notre colère;
Sans adieux, sans adieux,
Nous revenons en ces lieux.

L'INCONNU.
Sans adieux, sans adieux,
Je me ris de leur colère;
Sans adieux, sans adieux,
Je vous attends en ces lieux.

ARTHUR.
Qu'ici l'adieu le retienne,
Moi j'accours avec mes gens.

L'INCONNU.
Si j'attends que l'écueil vienne,
Je crois qu'j'attendrai longtemps.

REPRISE DE L'ENSEMBLE.

(*Arthur sort par le fond en se débattant avec Julien qui ne lâche pas son habit.*)

SCÈNE XIII.

L'INCONNU, *puis* EULALIE.

L'INCONNU, *seul.*
Va mon vieux, va chercher des armes... moi, pendant ce temps... (*Regardant à gauche*). La bourgeoise!... allons donc!

EULALIE, *accourant.*
Fuyez, Monsieur, fuyez!.. il en est temps encore!

L'INCONNU.
Fuir?.. ah! ben oui... du tout... Il faut que je vous parle.

EULALIE.
C'est impossible... Je ne puis vous entendre, mais je veux vous sauver.

L'INCONNU.
Me sauver... de quoi donc?..

EULALIE.
Vous ne savez donc pas, le domestique a parlé.

L'INCONNU.
Bah! voyez-vous ça!..

EULALIE.
Il a dit qui vous êtes... et avant une heure, dans un instant peut-être... oh! partez, monsieur, de grâce, éloignez-vous...

L'INCONNU.
Moi filer d'ici?.. jamais...

EULALIE.
Eh quoi! lorsqu'au dépens de ma sécurité, de ma réputation, de mon bonheur, peut-être, je viens vous offrir un moyen de salut...

L'INCONNU.
Ah ça, mais elle y tient... Écoutez, madame, il ne s'agit pas de ça... il y a assez longtemps que ça dure, que je cherche le moment de vous dire, de vous apprendre...

EULALIE, *vivement.*
Monsieur, je vous défends.

L'INCONNU.
Il n'y a pourtant pas d'affront... parce que vous êtes noble, riche, bien éloignée, il ne faut pas croire que les pauvres diables n'ont pas le droit d'aimer comme les autres, de le dire... de le prouver...

Air: *En nous voyant séparés.*

Ah! vous comprenez déjà,
Qu'pour oublier leur misère,
Tous les pauvres gens sur terre
N'ont d'autre bien qu'celui-là.
Oui, dans sa bonté profonde,
Le bon Dieu fit, par bonheur,
Du soleil pour tout le monde,
De l'amour pour chaque cœur.
Cet amour remplit mon âme,
Ma richesse, la voilà;
Un pauvre garçon, madame,
N'peut donner que ce qu'il a.

EULALIE, *à part.*
Quel dommage pourtant! (*Haut*). Ah! tenez, Monsieur, brisons-là... voici la petite clé du jardin; partez vite, remerciez-moi si je ne vous expose pas aux conséquences de votre incognito.

L'INCONNU.
Du tout... je vous tiens... je ne vous lâche pas que vous ne m'ayez promis...

EULALIE.
De la violence!... (*On frappe violemment à la porte du fond*). Ciel! nous sommes surpris!..

L'INCONNU.
Qu'est-ce que ça me fait, à moi!..

ARTHUR, *en dehors.*
Par ici!.. par ici!..

EULALIE.
La voix de mon cousin!.. Ah! Monsieur, Monsieur, vous m'avez perdue!..

L'INCONNU.
S'il vous plaît?.. qu'est-ce qu'elle dit donc?.. je l'ai perdue, à c'te heure...

EULALIE, *après avoir regardé vers toutes les portes.*
Cette chambre est cernée; impossible de me soustraire.

L'INCONNU.

Ça n'est que ça?.. je vas... (*Il se dirige vers le fond*).

EULALIE, *l'arrêtant*.

Malheureux ! mais ils sont là !..

L'INCONNU.

J'entends bien... j'entends bien.

EULALIE.

Et vous ne craignez pas ?

L'INCONNU.

Mais non...

EULALIE.

Vous ne frémissez pas ?

L'INCONNU.

Je ne frémis pas ...

EULALIE, *à part*.

Tant de sang-froid dans un pareil moment !.. (*Haut*). Hé bien !.. Monsieur, vous sentez-vous la force d'être un homme d'honneur !..

L'INCONNU.

Comment, si je... ah ! ça ! elle m'insulte !..

EULALIE.

Oh ! pour un moment seulement... Dieu m'est témoin, Monsieur, que j'étais venue ici pour vous sauver.

L'INCONNU.

Encore ! Cette femme a la manie du sauvetage.

EULALIE.

Si je n'ai pu y réussir, faites au moins pour moi ce que j'aurais voulu pouvoir faire pour vous... Vous allez déclarer que je vous suis inconnue.

L'INCONNU.

Oh ! si ce n'est que ça...

EULALIE.

Que vous me voyez pour la première fois.

L'INCONNU.

C'tte histoire !

EULALIE.

Merci... et grâce à ce mensonge...

L'INCONNU.

Un mensonge... mais non...

EULALIE.

Grâce à ce stratagème, vous me sauvez l'honneur, et l'on ne voit plus en vous que ce que vous êtes réellement.

L'INCONNU.

Je l'espère bien...

EULALIE.

Un malheureux venu dans ce château.

L'INCONNU, *bondissant*.

Hein ? un malheureux.

EULALIE.

Tenté par l'appât de mes diamans, de mes bijoux.

L'INCONNU.

Ah ! sacrebleu !.. qu'est-ce qu'elle dit donc là ?..

EULALIE.

Oh ! mais soyez sans crainte... je ne vous

abandonnerai pas... J'ai des amis puissants... et quel que soit le nombre de vos crimes.

L'INCONNU.

Mes crimes !

EULALIE.

Quelle que soit votre célébrité dans le métier que vous faites...

L'INCONNU, *exaspéré*.

Ah ! ça mais... ah ! ça mais cette femme est timbrée... Madame, vous êtes extrêmement timbrée !

JULIEN, *en dehors*.

Entrez ! entrez ! au nom de la loi.

EULALIE.

Les voici !..

L'INCONNU.

Tant mieux !.. nous allons voir... (*La porte du fond s'ouvre. Arthur et Julien se présentent, suivis de paysans armés de fourches et portant des gibernes*).

SCÈNE XIV.

LES MÊMES, ARTHUR, JULIEN, PAYSANS.

CHOEUR.

Air : *Vivent les batailles!*

Allons, qu'on saisisse
Ce vil scélérat,
Et qu'on le punisse
De son attentat.

ARTHUR, *sur la porte*.

Fusiliers, ne me quittez pas... (*Voyant Eulalie*). Ma cousine avec lui...

L'INCONNU.

Un moment, un moment! expliquons-nous, que diable !..

JULIEN.

Fusiliers, croisez fourches...

L'INCONNU.

A la fin des fins, qu'est-ce que tout ça veut dire ?

ARTHUR.

Ah ! tu veux le savoir.

L'INCONNU.

Ça me sera agréable... Qu'est-ce qu'on me veut ?.. pour qui que l'on me prend ?...

SCÈNE XV.

LES MÊMES, MADAME DE ROSELLE *suivie de* NINETTE.

MADAME DE ROSELLE, *entrant*.

Pour un voleur...

L'INCONNU.

Heu!.. hé bien! à la bonne heure... mais qui est-ce qui a donc pu dire... *(à Arthur).* Est-ce que c'est vous, là-bas?..

ARTHUR.

Arrière!..

L'INCONNU, *à Julien.*

Ou bien toi, méchant moucheron?..

JULIEN.

Fusiliers, recroisez fourches!..

L'INCONNU.

Ah! n'approchez pas, sacristi!.. Avant de faire feu, il s'agit de m'entendre... Je suis un honnête homme, moi...

MADAME DE ROSELLE, *ironiquement.*

Honnête!..

L'INCONNU.

Aussi honnête homme que vous, Madame... et la preuve, c'est que j'étais ici pour le bon motif.

EULALIE.

Que dit-il?..

L'INCONNU.

Oui, pour le bon motif... à cause d'une femme, et cette femme...

EULALIE, *s'approchant vivement de lui.*

Monsieur, vous ne la nommerez pas...

L'INCONNU.

Laissez-moi donc tranquille.

MADAME DE ROSELLE, *bas à l'inconnu.*

Malheureux! la déshonorer devant cette soldatesque.

ARTHUR, *à part.*

Au fait, j'ai des soupçons. *(Haut à l'inconnu).* Cette femme, répondez... *(Regardant fixement sa cousine).* Cette femme.

NINETTE, *s'avançant.*

C'est moi, Monsieur.

TOUS.

Ninette!..

NINETTE.

Me pardonnerez-vous, ma sœur; mais j'aurais été plus coupable encore en laissant soupçonner...

EULALIE, *bas.*

Oh! merci. *(À part).* Et c'est pour moi *(Haut).* Ninette, ce que tu fais là... c'est très bien... un pareil dévoûment!..

MADAME DE ROSELLE, *prenant la main de Ninette.*

Admirable!..

NINETTE *surprise.*

Plaît-il?.. vous ne m'en voulez donc pas.

EULALIE.

T'en vouloir, excellent cœur?

MADAME DE ROSELLE.

T'en vouloir, à toi?..

ARTHUR.

Lui en vouloir, à elle?

L'INCONNU, *à part.*

Il paraît que ça mord...

ARTHUR.

A elle qui nous a procuré une soirée charmante... d'émotions... Lui en vouloir... Ninette, Monsieur t'aime, tu aimes Monsieur... on t'accorde la main de Monsieur...

EULALIE et MADAME ROSELLE.

Grand Dieu!

EULALIE, *vivement.*

Mon cousin, vous n'y songez pas... ce mariage... n'est pas possible...

ARTHUR et L'INCONNU.

Parce que?..

EULALIE.

Parce que, si Ninette paraît aimer Monsieur, rien ne prouve que de son côté Monsieur...

NINETTE.

Oh! j'en suis sûre; j'en ai des preuves...

L'INCONNU.

Elle a des preuves, Madame.

NINETTE, *à Eulalie.*

Lisez plutôt cette lettre qu'il m'écrivait ce matin...

EULALIE.

A toi?.. que signifie!..

MADAME DE ROSELLE, *à part.*

Je n'y comprends plus rien.

EULALIE, *lisant.*

« Attends-moi ce soir à minuit, j'aurai pénétré près de ta grande dame...

L'INCONNU.

C'est vous la grande dame...

EULALIE, *lisant.*

« Je sais qu'elle est fière, orgueilleuse... *(S'interrompant.)* C'est toujours moi...

L'INCONNU.

Faut croire...

EULALIE, *lisant.*

« Qu'elle est fière, orgueilleuse... mais cette fois, bon gré malgré, il faudra bien qu'elle consente à notre mariage.

« Signé, CLAUDE. »

MADAME DE ROSELLE.

Claude!..

CLAUDE.

Vous voyez que c'est à la lettre...

EULALIE.

Quoi! Monsieur, vous seriez...

CLAUDE.

Je le suis...

EULALIE.

Mais non, c'est impossible... vous qui, depuis un an me poursuivez partout.

NINETTE.

C'était Claude...

EULALIE.

Vous qui un soir, à l'Opéra-Comique...

ARTHUR, *qui était remonté.*

A l'Opéra-Comique?..

CLAUDE, *à Arthur en riant.*

C'était Claude...

EULALIE.

Qui enfin, sur la grande route avez cependant arrêté ma voiture...

CLAUDE.

Moi! par exemple... obligez donc le monde... c'est-à-dire que des voleurs allaient vous dévaliser... quand je suis accouru, je vous ai délivrée... et je n'ai pris pour toute récompense...

ARTHUR.

Hein?.. qu'est-ce qu'il a donc pris?

MADAME DE ROSELLE.

Ça ne vous regarde pas.

EULALIE.

Mais ces assiduités près de moi...

NINETTE.

ham! il voulait à toute force vous décider à lui donner ma main ...

CLAUDE.

Et Ninette m'avait dit que vous n'étiez pas facile à approcher.

EULALIE, *à part.*

Et j'avais cru... quelle folie! (*haut.*) Monsieur, je vous demande pardon.

ARTHUR.

Voyons, cousine, Monsieur est-il, oui ou non, un voleur... car je n'y comprends plus rien.

EULALIE, *à Arthur.*

Vous comprendrez peut-être que M. Claude ne quittera pas le château...

ARTHUR.

Bien...

EULALIE.

Que bientôt son langage et ses manières seront plus en harmonie avec ceux de Ninette.

NINETTE.

Je m'en charge.

EULALIE.

De Ninette qui ne tardera pas à devenir sa femme...

CLAUDE.

Enfin !.. je ne l'ai pas volée... aussi maintenant je peux rendre à madame le bijoux qu'il y a un an... (*Il montre la croix d'or.*)

ARTHUR, *courant à lui.*

Cette croix !

EULALIE, *l'arrêtant.*

Un moment, mon cousin...

MADAME DE ROSELLE.

Voyons, Eulalie, un bon mouvement.

EULALIE.

Allons, puisqu'il le faut... (*A Claude.*) Dans un mois, remettez-là à Monsieur.

ARTHUR, *avec joie.*

Dans un mois !.. (*A Claude.*) Ah! bandit, mon ami, vous venez de me marier...

CLAUDE.

Vous marier? pour un homme qui a peur des voleurs, c'est bien inconséquent.

CHŒUR.

Air :

Aujourd'hui dans ce monde
Que d'honnêtes voleurs !
Oui, notre siècle abonde
En pareils malfaiteurs.

FIN D'UNE HISTOIRE DE VOLEURS.

Imprimerie hydraulique de Gisson et Vialat, à Saint-Denis-du-Port, près Lagny.